14 Schritte zum finanziellen Erfolg:
Mit dem richtigen Mindset zur ersten Million

von Ralf Thomas

Vorwort

Stellen Sie sich vor, Sie haben den großen Traum, Millionär zu werden. Dieses Ziel ist wie ein heller Stern am Horizont, der Sie anzieht und inspiriert. An diesem Ziel festzuhalten ist so, als würde man diesen Stern ständig im Auge behalten und auf ihn hinarbeiten, egal wie weit er entfernt zu sein scheint.

Es gibt keine spezifischen Schritte, die garantiert jedem helfen, Millionär zu werden. Es gibt jedoch einige allgemeine Tipps und Strategien, mit denen Menschen ihre Finanzen verwalten und Vermögen aufbauen können.

Setzen Sie klare finanzielle Ziele und einen Plan, um sie zu erreichen.

Verfolgen Sie Ihre Fortschritte bei Finanzen und Vermögensaufbau.

Sparen und investieren Sie regelmäßig.

Vermeiden Sie übermäßige Schulden und halten Sie Ihre finanziellen Verpflichtungen im Rahmen Ihrer Möglichkeiten. Verwenden Sie Ihr Einkommen klug und zielgerichtet, indem Sie in Dinge investieren, die Ihnen langfristige Renditen bringen.

Erwarten Sie Rückschläge und seien Sie bereit, sich

anzupassen, wenn sich Ihre finanzielle Situation ändert.

Nutzen Sie Ihre Fähigkeiten und Talente, um Ihr Einkommen zu steigern und neue Einnahmequellen zu erschließen.

Bilden Sie sich weiter und bleiben Sie über Finanztrends auf dem Laufenden.

Hüten Sie sich vor Asset-Zerstörern.

Bereit, Risiken einzugehen, aber denken Sie sorgfältig nach, bevor Sie große finanzielle Entscheidungen treffen. Seien Sie geduldig und halten Sie an Ihrem Finanzplan fest, auch wenn es schwierig wird. Millionär zu werden, kann einige Zeit in Anspruch nehmen, aber mit harter Arbeit und Disziplin können Sie Ihre finanziellen Ziele erreichen.

An erster Stelle steht Ihr persönliches Mindset, Ihre Lebenseinstellung, Ihr Wunsch, Dinge zu tun, ohne sie zu tun oder zu prokrastinieren. nichts wird dir geschenkt Und Erfolg kommt immer von einem selbst.

KAPITEL 1
SETZEN SIE SICH KLARE FINANZIELLE ZIELE UND ERSTELLEN SIE EINEN PLAN, UM DIESE ZU ERREICHEN.

Es ist wichtig, sich klare finanzielle Ziele zu setzen, um sich auf das Wesentliche zu konzentrieren und sich finanziell gesund zu fühlen. Beispiele für finanzielle Ziele sind:

Einsparungen für eine Anzahlung auf ein Haus oder eine Wohnung
Erhöhen Sie Notgroschen oder Finanzpolster
ein bestimmtes Rentenalter erreichen
Verwirklichen Sie Ihre Träume, egal ob Sie reisen oder Luxusgüter kaufen
Planung ist der Schlüssel zum Erreichen dieser Ziele. Dazu können Sie die folgenden Schritte ausführen:

Ermitteln Sie Ihr aktuelles Einkommen und Ihre monatlichen Ausgaben. Erstelle eine Liste mit allem, was du jeden Monat ausgibst, einschließlich fester Ausgaben wie Miete und Autozahlungen und variabler Ausgaben wie Lebensmitteleinkäufe und Freizeitaktivitäten.

Legen Sie ein Budget fest:

Vergleichen Sie Ihre Einnahmen und Ausgaben und entscheiden Sie, wie viel Sie für jedes Ziel sparen möchten. Berücksichtigen Sie auch unerwartete Kosten wie Reparaturen und Arztbesuche.

Erstellen Sie einen Plan, um Ihre Ziele zu erreichen. Sie können auch Einsparpotenziale identifizieren, indem Sie Ihre Ausgaben überprüfen und reduzieren. Sie können auch um eine Gehaltserhöhung oder einen Nebenjob bitten, um Ihr Einkommen zu erhöhen. Überwachen Sie den Fortschritt und passen Sie die Pläne nach Bedarf an. Es ist wichtig, den Status quo regelmäßig zu überprüfen und bei Bedarf Anpassungen vorzunehmen, um sicherzustellen, dass Ihre Ziele erreicht werden.

Finanzielle Ziele zu setzen und einen Plan zu erstellen, um sie zu erreichen, kann schwierig sein. Wir empfehlen Ihnen, Ihren Finanzberater oder einen anderen Fachmann zu konsultieren, um sicherzustellen, dass Sie auf dem richtigen Weg sind.

KAPITEL 2
VERFOLGEN SIE IHRE FORTSCHRITTE BEI FINANZEN UND VERMÖGENSAUFBAU.

Die Verfolgung Ihrer Fortschritte bei Finanzen und Vermögensbildung ist wichtig, um sicherzustellen, dass Sie auf dem richtigen Weg sind, um Ihre finanziellen Ziele zu erreichen. Es gibt mehrere Möglichkeiten, den Fortschritt zu verfolgen.

Verwenden Sie Finanz-Tracking-Software oder Apps:

Es gibt viele Tools, die Ihnen helfen, Ihre Ausgaben und Einnahmen zu verfolgen und Ihren Fortschritt zu verfolgen. Diese Tools bieten oft auch Diagramme und Grafiken, die den Fortschritt visuell darstellen.

Erstellen Sie ein Finanzportfolio:

Ein Finanzportfolio gibt einen Überblick über Ihre Investitionen und Ihr Vermögen. Dazu gehören Aktien, Anleihen, Immobilien und andere Vermögenswerte. Verfolgen Sie die Leistung dieser Assets, um Ihren Fortschritt zu verfolgen.

Verfolgen Sie Ihre Schulden:

Es ist wichtig, Ihre Schulden zu verfolgen und sicherzustellen, dass Sie sie reduzieren. Verfolgen Sie, wie sich Ihre Schulden verändern und wie schnell Sie

sie zurückzahlen, um sicherzustellen, dass Sie auf dem richtigen Weg sind.

Setzen Sie sich wiederkehrende Ziele:

Es kann hilfreich sein, sich kleine, erreichbare Ziele zu setzen, um Ihren Fortschritt zu verfolgen. Sie können sich zum Beispiel das Ziel setzen, jeden Monat einen bestimmten Betrag zu sparen oder Ihre Schulden, um einen bestimmten Betrag zu reduzieren. Es ist wichtig, dass Sie Ihre Finanzen und den Fortschritt Ihres Vermögensaufbaus verfolgen, um sicherzustellen, dass Sie Ihre finanziellen Ziele erreichen. Es ist auch hilfreich, regelmäßig mit einem Finanzberater oder anderen Fachleuten zu sprechen, um sicherzustellen, dass Sie auf dem richtigen Weg sind.

KAPITEL 3
SPAREN SIE REGELMÄSSIG UND INVESTIEREN SIE IN DINGE, DIE IHNEN LANGFRISTIGE RENDITEN BRINGEN.

Regelmäßiges Sparen ist ein wichtiger Teil der Verwaltung Ihrer Finanzen und hilft Ihnen, sich finanziell gesund zu fühlen. Es gibt verschiedene Möglichkeiten, regelmäßig zu speichern.

Jeden Monat einen festen Betrag sparen:

Es kann hilfreich sein, sich das Ziel zu setzen, jeden Monat einen festen Betrag zu sparen, z. B. 10 % oder 20 % Ihres Einkommens. Diese Methode wird Ihnen helfen, sich an das Sparen zu gewöhnen und es zur Gewohnheit zu machen.

Verwenden Sie einen Sparplan:

Viele Banken und Finanzinstitute bieten Sparpläne an, die automatisch Geld von Ihrem Konto auf Ihr Spar- oder Anlagekonto überweisen können. Diese Pläne helfen Ihnen, regelmäßig zu sparen, ohne darüber nachdenken zu müssen. Verwenden Sie Apps und Tools: Es gibt auch viele Apps und Tools, mit denen Sie regelmäßig Geld sparen können. Diese Tools helfen Ihnen, Ihr Budget zu verfolgen und Ersparnisse zu identifizieren, die Sie auf Ihr Spar- oder Anlagekonto übertragen können.

Neben dem regelmäßigen Sparen ist es auch wichtig, in Dinge zu investieren, die sich langfristig rentieren. Zum Beispiel:

Aktie:

Eine Aktie ist eine Aktie eines Unternehmens und kann langfristig Gewinne bringen, wenn das Unternehmen erfolgreich ist.

Eigentum:

Immobilieninvestitionen können langfristige Renditen erzielen, indem sie ein Haus oder eine Wohnung kaufen oder mieten oder die Immobilie mit Gewinn verkaufen.
Rentenprodukte:
Altersvorsorgeprodukte wie Anleihen und Pensionsfonds können mit regelmäßigen Zahlungen von Unternehmen und Regierungen langfristige Renditen bieten.

Es ist wichtig zu erkennen, dass langfristige Anlagen in der Regel mit Risiken verbunden sind und die Rendite nicht garantiert ist. Daher ist es wichtig, gut informiert zu sein und das Risiko zu streuen. Nicht alle auf ein Pferd setzen. Diversifizieren und langfristig aufbauen.

KAPITEL 4
VERMEIDEN SIE ÜBERMÄSSIGE SCHULDEN UND HALTEN SIE IHRE FINANZIELLEN VERPFLICHTUNGEN IM RAHMEN IHRER MÖGLICHKEITEN.

Überschuldung kann eine große Belastung sein und Sie finanziell belasten. Es gibt Möglichkeiten, eine übermäßige Verschuldung zu vermeiden und sicherzustellen, dass Ihre finanziellen Verpflichtungen im Rahmen Ihrer Möglichkeiten bleiben.

Legen Sie ein Budget fest und halten Sie sich daran:

Budgets helfen Ihnen, Ihre Ausgaben zu verfolgen und sicherzustellen, dass Sie nicht mehr ausgeben, als Sie einnehmen. Vergleichen Sie Ihre Einnahmen mit Ihren Ausgaben und entscheiden Sie, wie viel Sie für jedes Ziel ausgeben möchten.

Vermeiden Sie unnötige Ausgaben:

Es kann hilfreich sein, Ihre Ausgaben zu überprüfen und gezielte Einsparungen zu identifizieren. So können Sie beispielsweise Ihre monatlichen Fixausgaben wie Miete oder Autozahlungen vergleichen und gegebenenfalls reduzieren. Auch variable Kosten wie Einkäufe und Freizeitaktivitäten können minimiert werden.

Bitte verwenden Sie Ihre Kreditkarte sorgfältig:

Kreditkarten sind praktisch, aber es ist wichtig, sie sorgfältig zu verwenden, um Schulden zu vermeiden. Nutzen Sie eine Kreditkarte nur, wenn Sie diese am Monatsende vollständig abbezahlen können. Vermeiden Sie es, Ihre Kreditkarte für große Einkäufe zu verwenden, die Sie sich nicht leisten können.

Schuldenverhandlung:

Wenn Sie Schwierigkeiten haben, Ihre Schulden zurückzuzahlen, können Sie mit Ihren Gläubigern bessere Zahlungsbedingungen aushandeln. Sie können beispielsweise die Zinssätze senken oder Zahlungen aussetzen, bis Sie sie wieder aufnehmen können.

Es ist wichtig, eine übermäßige Verschuldung zu vermeiden und finanzielle Verpflichtungen im Rahmen Ihrer Möglichkeiten zu halten.

Ausnahmen wären Schulden, um einen Leverage Effekt zu erzielen:

Dies ist aber für Profis und kann einen Nicht Finanzexperten ins Verderben stürzen. Möchte aber dennoch kurz darauf eingehen.

Leverage, auch Leverage genannt, bezieht sich auf die Verwendung von Fremdkapital zur Finanzierung von Investitionen. Durch die Verwendung von Schulden können Sie Investitionen tätigen, die größer sind als Ihr eigenes Geld. Die Hebelwirkung kann positiv oder negativ sein.

Günstige Hebelwirkungen können auftreten, wenn eine fremdfinanzierte Anlage eine höhere Rendite erzielt als die Fremdkapitalkosten. In diesem Fall können Sie einen Gewinn erzielen, der die Aktieninvestition übersteigt. Sie können beispielsweise ein Haus mit einer Hypothek bauen, die einen niedrigeren Zinssatz als die Miete hat. In diesem Fall können Sie durch die Verwendung von Schulden einen Dollar sparen und gleichzeitig eine Rendite auf Ihre Investition erzielen.

Eine negative Hebelwirkung kann auftreten, wenn eine schuldenfinanzierte Anlage eine geringere Rendite abwirft als die Schuldenkosten. In diesem Fall erleiden Sie einen höheren Verlust als die Aktieninvestition. Beispielsweise können Sie Ihr Unternehmen mit einem erfolglosen Bankdarlehen finanzieren und die Rendite ist geringer als die Kosten des Darlehens. In diesem Fall entsteht der Verlust durch den Einsatz von Fremdkapital über den Einsatz von Eigenkapital hinaus.

Die Hebelwirkung kann daher sowohl positiv als auch negativ sein und hängt von der erwarteten Kapitalrendite und den Haftungskosten ab. Es ist wichtig, die Kreditaufnahme zur Finanzierung Ihrer Investition sorgfältig zu überdenken und die Risiken sorgfältig abzuwägen. Es kann auch hilfreich sein, den Rat eines Finanzberaters oder eines anderen Fachmanns einzuholen, der Ihnen hilft, eine fundierte Entscheidung zu treffen.

KAPITEL 5
NUTZEN SIE IHRE FÄHIGKEITEN UND TALENTE, UM NEUE EINNAHMEQUELLEN ZU ERSCHLIESSEN UND IHR EINKOMMEN ZU STEIGERN.

Die Nutzung Ihrer Fähigkeiten und Talente ist eine wertvolle Möglichkeit, neue Einnahmequellen zu erschließen und Ihr Einkommen zu steigern. Hier sind einige Möglichkeiten, wie Sie Ihre Fähigkeiten und Talente einsetzen können, um neue Einnahmequellen zu erschließen.

Erweitern Sie Ihre Qualifikationen:

Indem Sie neue Fähigkeiten erlernen oder vorhandene erweitern, können Sie Ihre Karrieremöglichkeiten erweitern und Ihr Einkommen steigern. Sie können beispielsweise zusätzliche Zertifizierungen erwerben oder Kurse besuchen, um Ihre Kenntnisse in einem bestimmten Bereich zu verbessern.

Nutzen Sie Ihr Talent:

Wenn Sie besondere Talente haben, wie z. B. Kunsthandwerk, können Sie damit Geld verdienen. Sie können beispielsweise Kunstwerke verkaufen oder handwerkliche Dienstleistungen erbringen.

Ihr eigenes Unternehmen gründen:

Wenn Sie Fähigkeiten oder Talente haben, die anderen helfen können, sollten Sie erwägen, Ihr eigenes Unternehmen zu gründen. Sie können beispielsweise ein Dienstleistungsunternehmen gründen oder Produkte entwickeln und verkaufen.

Nutzung von Online-Plattformen:

Es gibt viele Online-Plattformen, auf denen Sie Ihre Fähigkeiten und Talente anbieten und damit Geld verdienen können. Du kannst zum Beispiel als Freelancer auf Plattformen wie Upwork oder Fiverr arbeiten oder Dienstleistungen über Plattformen wie Airbnb oder TaskRabbit anbieten.

Die Nutzung Ihrer Fähigkeiten und Talente ist eine wertvolle Möglichkeit, neue Einnahmequellen zu generieren und Ihr Einkommen zu steigern. Es ist wichtig zu erkennen, dass die Suche nach neuen Einnahmequellen Zeit und Mühe kosten kann, und es ist wichtig, sie regelmäßig neu zu positionieren und weiterzuentwickeln.

KAPITEL 6
BILDEN SIE SICH WEITER UND
BLEIBEN SIE ÜBER FINANZTRENDS
AUF DEM LAUFENDEN.

Ständiges Lernen und Weiterbilden ist ein wichtiger Teil des Finanzmanagements und hilft Ihnen, sich finanziell gesund zu fühlen. Um sich weiterzubilden und über Finanztrends auf dem Laufenden zu bleiben, gibt es ein paar Dinge, die Sie tun können.

Verwenden Sie Online-Ressourcen:

Es gibt viele kostenlose Online-Ressourcen, mit denen Sie sich über Finanzen informieren und neue Fähigkeiten erlernen können. Dazu gehören Blogs, Podcasts, Online-Kurse usw.

Zugang zu Weiterbildungsveranstaltungen:

Es gibt viele Weiterbildungsveranstaltungen zu Finanzthemen. Dazu gehören zum Beispiel Finanzseminare, Konferenzen und Workshops. Diese Veranstaltungen bieten die Gelegenheit, von Experten zu lernen und Ideen mit anderen an Finanzthemen Interessierten auszutauschen.

Sprechen Sie mit Ihrem Finanzberater:

Ein Finanzberater kann Ihnen helfen, etwas über Finanzen zu lernen und Finanzpläne zu entwickeln. Es hilft Ihnen beispielsweise, ein Budget zu erstellen,

Schulden abzubauen oder Investitionsentscheidungen zu treffen.

Verfolgen Sie Finanznachrichten:

Es ist wichtig, über die neuesten Finanztrends und -entwicklungen auf dem Laufenden zu bleiben. Verfolgen Sie dazu Finanznachrichten oder melden Sie sich für Newsletter und Benachrichtigungen von Finanzinstituten und Finanzwebsites an. Ständiges Lernen und Weiterbilden ist ein wichtiger Teil des Finanzmanagements und hilft Ihnen, sich finanziell gesund zu fühlen. Investieren Sie regelmäßig Zeit in Aus- und Weiterbildung, um über aktuelle finanzielle Trends und Entwicklungen auf dem Laufenden zu bleiben. Auf dem Laufenden zu bleiben ist wichtig.

KAPITEL 7
VERWENDEN SIE IHR EINKOMMEN KLUG UND ZIELGERICHTET, INDEM SIE IN DINGE INVESTIEREN, DIE IHNEN LANGFRISTIGE RENDITEN BRINGEN.

Indem Sie Ihr Einkommen klug und zielgerichtet einsetzen, können Sie sich finanziell in eine vorteilhafte Position bringen und sich langfristig absichern. Eine Möglichkeit, dies zu tun, besteht darin, in Dinge zu investieren, die langfristige Renditen bieten. Hier sind einige Möglichkeiten, wie Sie in Dinge investieren können, die Ihnen langfristige Renditen bringen.

In Bildung investieren:

Bildung ist eine wertvolle Investition mit langfristigem Nutzen. Durch Investitionen in Ihre Ausbildung, einschließlich Weiterbildung und Zusatzqualifikation, können Sie Ihre Karrierechancen erweitern und Ihr Einkommen steigern.

Investition in Ihre Gesundheit:

Beispielsweise können Investitionen in die Gesundheit wie gesunde Ernährung, regelmäßige Bewegung und regelmäßige Vorsorgeuntersuchungen dazu beitragen, dass Sie länger gesund bleiben, die Gesundheitskosten senken und langfristige Renditen erzielen.

Investition in die Zukunft:

Langfristige Anlageentscheidungen wie Altersvorsorge

und der Kauf von Immobilien können langfristige Renditen generieren. Es ist wichtig, frühzeitig über diese Probleme nachzudenken und sich von einem Finanzberater oder anderen Fachleuten beraten zu lassen, damit Sie die besten finanziellen Entscheidungen für Ihre Zukunft treffen können.

Investieren Sie in Ihre Beziehung:

Die Investition in Ihre Beziehungen, sei es der Aufbau von Freundschaften oder familiären Beziehungen, kann Ihnen Sicherheit, Unterstützung und Vertrauen von anderen bringen, was sich langfristig auszahlen kann.

Der kluge und zielgerichtete Einsatz Ihres Einkommens ist entscheidend, um finanziell gut aufgestellt zu sein und sich langfristig abzusichern.

KAPITEL 8
BEREIT, RISIKEN EINZUGEHEN, ABER DENKEN SIE SORGFÄLTIG NACH, BEVOR SIE GROSSE FINANZIELLE ENTSCHEIDUNGEN TREFFEN.

In vielen Fällen ist es sinnvoll, Risiken einzugehen, um finanziell erfolgreich zu werden. Es ist jedoch wichtig, die Risiken und potenziellen Vorteile sorgfältig abzuwägen, bevor Sie wichtige finanzielle Entscheidungen treffen. Berücksichtigen Sie Folgendes, bevor Sie größere finanzielle Entscheidungen treffen.

Machen Sie sich mit den Einzelheiten vertraut:

Bevor Sie größere finanzielle Entscheidungen treffen, ist es wichtig, die Details zu recherchieren und alle relevanten Informationen zu sammeln. Dazu gehört beispielsweise die Prüfung der Risiken und möglichen Folgen der Entscheidung.

Sprechen Sie mit einem Experten:

Es kann hilfreich sein, sich von einem Finanzberater oder anderen Fachleuten beraten zu lassen, bevor Sie größere finanzielle Entscheidungen treffen. Es hilft Ihnen, Risiken abzuwägen und die potenziellen Auswirkungen Ihrer Entscheidungen realistisch zu verstehen.

Setzen Sie sich klare Ziele:

Bevor Sie große finanzielle Entscheidungen treffen,

sollten Sie sich klare Ziele setzen, die Sie erreichen möchten. Dies hilft, Risiken abzuwägen und sicherzustellen, dass Entscheidungen den langfristigen finanziellen Zielen entsprechen.

Machen Sie sich bereit zum Anpassen:

Auch nach sorgfältiger Überlegung vor wichtigen finanziellen Entscheidungen können sich die Umstände ändern und Entscheidungen müssen möglicherweise angepasst werden. Seien Sie darauf vorbereitet, bei sich ändernden Umständen flexibel zu sein und Risiken zu minimieren. Bereit, Risiken einzugehen, aber denken Sie sorgfältig nach, bevor Sie große finanzielle Entscheidungen treffen. Es gilt Risiken im Auge zu behalten und richtig einzuschätzen

KAPITEL 9
SEI GEDULDIG UND HALTEN AN DEINEM FINANZPLAN FEST

Millionär zu werden kann einige Zeit in Anspruch nehmen, aber mit harter Arbeit und Disziplin können Sie Ihre finanziellen Ziele erreichen.

Seien Sie geduldig und halten Sie an Ihrem Finanzplan fest, auch wenn es schwierig wird. Dies ist ein wichtiger Rat für alle, die sich finanziell verbessern und langfristig stabiler werden möchten. Es gibt einige Schritte, die Sie unternehmen können, um Ihre Ziele zu erreichen.

Setzen Sie sich klare finanzielle Ziele:

Bevor Sie mit dem Sparen und Investieren beginnen, sollten Sie sich klare finanzielle Ziele setzen. Dazu gehört zum Beispiel, ein Budget zu erstellen und zu entscheiden, wie viel Geld Sie sparen und welche Investitionen Sie tätigen möchten.

Disziplin:

Disziplin und das Festhalten an einem Finanzplan sind der Schlüssel zum Erreichen Ihrer finanziellen Ziele. Dazu gehört zum Beispiel regelmäßiges Sparen und das Einhalten der gesetzten Budgets. Nutzen Sie Ihre Fähigkeiten und Talente:

Wenn Sie Ihre Fähigkeiten und Talente einsetzen, um neue Einkommensquellen zu schaffen, können Sie Ihr Einkommen steigern und Ihre finanziellen Ziele erreichen. So können Sie beispielsweise Ihre beruflichen Fähigkeiten erweitern oder sich neue Fähigkeiten aneignen, um Ihr Einkommen zu steigern.

Bereit, Risiken einzugehen:

In vielen Fällen ist es sinnvoll, Risiken einzugehen, um finanziell erfolgreich zu werden. Aber überlegen Sie es sich zweimal, bevor Sie es tatsächlich tun. Sie werden nicht mehrere Nächte brauchen, um darüber nachzudenken. Dringende Angelegenheiten und ein schnelles Verlangen nach Reichtum geraten oft durcheinander und können Sie in eine nicht gewünschte Schieflage bringen.

KAPITEL 10
PASSEN SIE SICH AN SICH ÄNDERNDE FINANZIELLE UMSTÄNDE AN UND SEIEN SIE AUF RÜCKSCHLÄGE VORBEREITET.

Das Leben ist voller Veränderungen, und die Anpassung an sich ändernde wirtschaftliche Bedingungen ist entscheidend für die Aufrechterhaltung der finanziellen Stabilität. Es gibt Schritte, die Sie unternehmen können, um sich an sich ändernde wirtschaftliche Bedingungen anzupassen und sich auf Rückschläge vorzubereiten.

Überprüfen Sie regelmäßig Ihre Finanzen:

Es ist wichtig, regelmäßige Finanzüberprüfungen durchzuführen, um Ihre aktuelle finanzielle Situation zu verstehen und sich an sich ändernde Bedingungen anzupassen. Dazu gehört beispielsweise die Überprüfung von Budgets und die Sicherstellung, dass finanzielle Verpflichtungen erfüllt werden können.

Sei flexibel:

Es ist wichtig, flexibel auf das sich ändernde finanzielle Umfeld zu reagieren. Dazu gehört die Bereitschaft, Ihr Budget anzupassen, wenn beispielsweise Ihre Einnahmen sinken oder Ihre Ausgaben steigen. Haben Sie einen Notfallfonds?

Ein Notfallfonds ist ein finanzieller Puffer, der verwendet wird, um unerwartete Ausgaben zu decken, beispielsweise im Falle von Krankheit oder

Arbeitslosigkeit. Es ist wichtig, einen Notfallfonds zu haben, um sich auf Rückschläge vorzubereiten und die finanzielle Stabilität zu wahren.

Sprechen Sie mit einem Experten:

Wenn sich Ihre finanzielle Situation ändert, kann es hilfreich sein, den Rat eines Finanzberaters oder eines anderen Fachmanns einzuholen, der Ihnen hilft, die besten Entscheidungen für Ihre zukünftige finanzielle Situation zu treffen.

Die Anpassung an sich ändernde finanzielle Umstände und die Vorbereitung auf Rückschläge ist entscheidend, um finanziell stabil zu bleiben. Dazu gehören zum Beispiel regelmäßige Überprüfungen

KAPITEL 11
HÜTEN SIE SICH VOR ASSET-
ZERSTÖRERN.

Es gibt viele Faktoren, die Ihnen dabei helfen können, finanziell besser aufgestellt zu sein und sich langfristig abzusichern. Eine davon ist, auf sogenannte Vermögenszerstörer zu achten, die Dinge, die dazu führen, dass Sie Geld verlieren oder sich verschulden. Hier sind einige Beispiele für Asset Destroyers und einige Tipps, wie man sie vermeidet.

Autokauf:

Der Kauf eines Autos, das sich im Laufe der Jahre amortisiert hat, kann ein großer Vermögenszerstörer sein. Denn Autos verlieren in der Regel mit der Amortisation an Wert. Alternativ können Sie erwägen, einen Gebrauchtwagen zu kaufen oder ein Auto zu mieten, um die Kosten zu minimieren.

Ausgaben, die nicht dem Einkommen entsprechen:

Ein weiterer Vermögenszerstörer ist, wenn Sie Ausgaben haben, die nicht mit Ihren Einnahmen übereinstimmen. Dies kann dazu führen, dass Sie sich verschulden oder Geld für Dinge ausgeben, die keine Rolle spielen. Es ist wichtig, ein realistisches Budget festzulegen, sich daran zu halten und Ihre Ausgaben an Ihren Einnahmen auszurichten.

Passen Sie Ihren Lebensstil an Ihren Lohn an:

Ein weiterer wichtiger Schritt, um sich vor Vermögensvernichtern zu schützen, ist die Anpassung Ihres Lebensstils an Ihren Lohn. Dazu gehört zum Beispiel, sich eine Wohnung leisten zu können, die zu Ihrem Einkommen passt, und Ausgaben zu vermeiden, die Sie sich nicht leisten können.

KAPITEL 12
IHR PERSÖNLICHES MINDSET

Die richtige Denkweise kann ein Schlüsselfaktor für den finanziellen Erfolg sein. Hier sind einige Tipps, wie Sie eine positive Einstellung zu Geld und Finanzen entwickeln und wie Sie diese Einstellung nutzen können, um finanziell besser abzuschneiden.

Setzen Sie sich klare finanzielle Ziele:

Eine wesentliche Voraussetzung für den finanziellen Erfolg ist die Festlegung klarer finanzieller Ziele und die konsequente Umsetzung dieser Ziele. Dazu gehören zum Beispiel die Erstellung eines Budgets und regelmäßiges Sparen.

Verwenden Sie Ihre Denkweise, um das Richtige zu tun: Es ist wichtig zu verstehen, dass nichts im Leben umsonst ist und Erfolg immer von innen kommt. Verwenden Sie Ihre Denkweise, um motiviert und diszipliniert zu bleiben und sich auf Ihre finanziellen Ziele zu konzentrieren.

Vermeiden Sie Aufschub:

Eine weitere wichtige Einstellung, die Ihnen helfen kann, finanziell erfolgreich zu sein, besteht darin, sich vor Aufschieben und Aufschieben zu schützen. Stattdessen sollten Sie Ihre Finanzen verwalten und sich frühzeitig auf Ihre Ziele konzentrieren.

Sind Sie von den richtigen Leuten umgeben?

Eine weitere wichtige Einstellung zum finanziellen Erfolg besteht darin, sich mit Menschen zu umgeben, die Ihre Ziele und eine positive Einstellung zu Geld und Finanzen teilen.

KAPITEL 13
LIFESTYLE-INFLATION

Auswirkung eines höheren Einkommens auf den Lebensstil. Ein in unserer Gesellschaft weit verbreitetes Phänomen ist die sogenannte „Lifestyle-Inflation". Dabei handelt es sich um den Prozess, durch den Menschen ihren Lebensstil anpassen und mit steigendem Einkommen mehr ausgeben. Anfangs sind Sie vielleicht mit einem sparsamen Lebensstil und begrenzten Ressourcen zufrieden und glücklich, aber mit steigendem Einkommen tendieren Sie dazu, mehr auszugeben und mehr zu konsumieren. Das höhere Einkommen erzeugt permanent neue Wünsche, und sogar einen Konsumzwang. Dies führt häufig zu kontinuierlich steigenden Kosten und gleichzeitig mangelnder finanzieller Unabhängigkeit und Ersparnissen.

Ein einfaches Beispiel zur Erklärung dieses Phänomens ist der Vergleich von Ferien in Form von "All Inklusive". Für Menschen mit geringem Einkommen und begrenzten finanziellen Mitteln kann ein All-Inclusive-Urlaub ein wahrgewordener und lohnender Traum sein. Die Person wird die Erfahrung genießen und die Gelegenheit zum Ausruhen zu schätzen wissen. Als jedoch durch Karriereentwicklung, Erbschaften und andere finanzielle Verbesserungen mehr Geld ins Spiel kam, begann sich der Lebensstil zu ändern.

Daher reicht ein einfacher Aufenthalt mit "All Inklusive" nicht mehr aus. Jetzt möchte diese Person exklusivere und teurere Reiseziele erkunden. Der Wunsch, seinen Lebensstil zu verbessern, steigt mit dem Einkommen. Es entsteht ein Teufelskreis, in dem immer mehr Geld ausgegeben wird, um die steigende Nachfrage zu befriedigen. Anstatt mit dem zufrieden zu sein, was wir bereits haben, wollen wir oft mehr und verlieren den Blick für das Wesentliche.

Es gibt viele Gründe, die zu diesem Phänomen der Lifestyle-Inflation führen können. Einer davon ist sozialer Druck. In unserer Gesellschaft haben wir oft den Eindruck, dass ein höherer Lebensstandard Erfolg und Glück bedeutet. Sie vergleichen sich mit anderen und möchten in der gleichen Liga spielen. Konsumkultur und Medien verstärken diesen Wunsch nach Luxus und Reichtum, indem sie ständig neue Produkte, Dienstleistungen und Lebensstile vorstellen, die wie gewünscht präsentiert werden.

Ein weiterer Faktor ist die Gewöhnung an einen steigenden Lebensstandard. Der Mensch passte sich schnell an die verbesserten Lebensbedingungen an und nahm dies schnell als selbstverständlich hin. Was einst als Luxusartikel galt, ist zur Norm geworden und der Wunsch nach noch mehr Luxus nimmt zu. Dies führt zu einer ständigen Suche nach wirtschaftlicher Befriedigung und einem immer höheren Konsumniveau.

Es ist wichtig zu erkennen, dass die Inflation des Lebensstils negative langfristige Auswirkungen haben kann. Finanzielle Ziele wie Wohlstand, Vorruhestand und Unabhängigkeit werden schwieriger zu erreichen, wenn man unterschiedliche Lebensstile hat und mehr ausgibt, als man wirklich braucht. Es besteht ein wirtschaftlicher Engpass. Der inflationäre Lebensstil führt oft dazu, dass sich Menschen vom Gedanken des Sparens abwenden. Unter „sparsam" versteht man einen Lebensstil, bei dem man bewusst sparsam lebt, weniger ausgibt und sich auf das Wesentliche konzentriert. Es geht darum, sich mit weniger zufrieden zu geben und das Beste aus Ihrem Geld zu machen, um Ihre langfristigen Ziele zu erreichen.

Ersparnisse sind eine Alternative zu einem inflationären Lebensstil. Anstatt sich durch ein höheres Einkommen dazu verleiten zu lassen, mehr auszugeben, können Sie das höhere Einkommen nutzen, um Ihre finanzielle Sicherheit zu stärken. Indem Sie Ihre Ausgaben bewusst kontrollieren und auf Luxus verzichten, können Sie mehr Geld sparen und investieren. Dadurch können sie finanziell unabhängig werden und früher in Rente gehen.

Der sparsame Lebensstil basiert auf der Idee, dass wahres Glück nicht durch materiellen Besitz erreicht wird, sondern durch Erfahrungen, Beziehungen und persönliches Wachstum. Indem Sie sich auf diese Werte konzentrieren und bewusst sparen, um sie zu unterstützen, können Sie ein erfülltes Leben führen, ohne der Inflation des Lebensstils zu erliegen.

Es ist wichtig zu beachten, dass der Verzicht auf Luxus nicht bedeutet, auf alle Freuden und Annehmlichkeiten des Lebens zu verzichten. Ökonomie bedeutet vielmehr, bewusste Entscheidungen zu treffen und Ressourcen effizient zu nutzen. Priorisieren Sie das, was Ihnen wirklich wichtig ist, und geben Sie Ihr Geld aus, anstatt es zu verschwenden.

Wenn Sie der Versuchung eines inflationären und sparsamen Lebensstils widerstehen, können Sie finanzielle Freiheit erlangen und Ihre langfristigen Ziele erreichen. Es erfordert jedoch Disziplin, Selbstbeobachtung und die Bereitschaft, sich von gesellschaftlichen Zwängen und äußeren Einflüssen zu lösen. Letztendlich ist die Wahl zwischen Lifestyle-Inflation und Ersparnissen eine persönliche Entscheidung. Es ist wichtig, Ihre Werte, Ziele und Prioritäten zu identifizieren und die richtigen finanziellen Entscheidungen zu treffen. Durch bewusstes Sparen und Investieren können Sie ein erfülltes Leben führen und gleichzeitig finanzielle Sicherheit für die Zukunft aufbauen.

Um eine Lifestyle-Inflation zu vermeiden, muss man sich auch bei steigenden finanziellen Mitteln mit weniger „Materialität" begnügen. Weniger ist mehr. Gute Vorbilder sind hier Frugalisten.

KAPITEL 14
HALTEN SIE AN IHREN ZIELEN
UND WÜNSCHEN FEST.

Energie und Fokus:
Ihr Traum, Millionär zu werden, wird zur Energiequelle. Sie wachen jeden Tag mit einem klaren Ziel auf und richten alle Ihre Anstrengungen darauf, dieses zu erreichen. Sie gehen ständig auf finanzielle Möglichkeiten ein und lassen sich nicht von Ablenkungen ablenken.

Hindernisse überwinden:
Auf dem Weg dorthin werden Sie auf Hindernisse stoßen – falsche Investitionen, geschäftliche Misserfolge oder finanzielle Schwierigkeiten. Wenn Sie an Ihren Zielen festhalten, erhalten Sie die Ausdauer, diese Hindernisse zu überwinden. Sie erkennen sie eher als vorübergehende Misserfolge als als endgültige Misserfolge.

Lernen und anpassen:
Indem Sie an Ihrem Millionärsziel festhalten, lernen Sie ständig dazu. Sie verbessern Ihre Fähigkeit, finanzielle Entscheidungen zu treffen, Risiken einzuschätzen und Chancen zu erkennen. Ihr Wissen und Ihre Fähigkeiten werden mit Ihrem Fortschritt wachsen.

Chancen identifizieren:

Menschen, die ihre Ziele konsequent verfolgen, neigen dazu, Chancen zu erkennen, die andere verpassen. Indem Sie Ihr Ziel, Millionär zu werden, beibehalten, werden Sie sensibler für Möglichkeiten, die Ihnen finanziell zugute kommen könnten.

Vertrauen aufbauen:

Das konsequente Festhalten an Ihren Zielen stärkt Ihr Selbstvertrauen. Sie erkennen, dass Sie in der Lage sind, Widrigkeiten zu überwinden und Ihre finanziellen Träume zu verwirklichen. Dieses Selbstvertrauen kann Sie dazu ermutigen, größere Risiken einzugehen und mutige Entscheidungen zu treffen.

Inspiration für andere:

Ihre Entschlossenheit und Ihr Erfolg beim Erreichen Ihres Millionärsziels können andere inspirieren. Ihre Geschichte wird zeigen, dass Sie Ihre finanziellen Ziele erreichen können, wenn Sie hart arbeiten und beharrlich sind. Sie können Menschen dazu ermutigen, ihre eigenen finanziellen Träume zu verwirklichen.

Langfristiger Erfolg:

Wer an seinen Zielen festhält, erzielt oft langfristigen finanziellen Erfolg. Ihre Beharrlichkeit wird sich auszahlen, wenn Sie mit der Zeit Vermögen aufbauen und finanzielle Stabilität erreichen.

An dem Traum festzuhalten, Millionär zu werden, ist, als würde man ein Schiff in einen fernen Hafen fahren. Sie segeln durch raues Wasser, durchbrechen die Wellen und behalten Ihr Ziel im Auge. Es mag nicht immer einfach sein, aber Ihre Entschlossenheit und Ausdauer werden Ihnen helfen, alle finanziellen Herausforderungen zu meistern und Ihre Träume wahr werden zu lassen.

SCHLUSSWORT

Wenn Sie die letzten Seiten dieses Buches lesen, stehen Sie am Anfang einer aufregenden Reise – der Reise zu finanzieller Unabhängigkeit und einem erfüllten Leben. Der Weg zum Millionär ist voller Herausforderungen, die mit Sicherheit auf Sie zukommen, wenn Sie Ihrem Traum näher kommen. Aber denken Sie immer daran:

Wahre Größe zeigt sich nicht nur im Kontostand, sondern auch in den Höhen, die wir überwinden.

Bleiben Sie standhaft bei Ihren Zielen und Wünschen, denn Ihre Entschlossenheit wird der Anker sein, der Sie durch den Sturm trägt. Der Weg zum Erfolg ist keine ebene Autobahn, sondern eine schöne Straße mit vielen Kurven und Wendungen. Wenn Sie entschlossen sind, voranzukommen, werden Sie wundervolle Landschaften entdecken und das unergründliche Potenzial in sich entdecken.

Es ist völlig normal, Rückschläge zu erleben und sich manchmal auf scheinbar endlosen Umwegen wiederzufinden. Erinnern Sie sich an die Geschichten derer, die vor Ihnen kamen – Pioniere, die mutig scheinbar unüberwindbare Hindernisse überwunden haben. Diese herausfordernden Momente sind Gelegenheiten, stärker und weiser zu werden. Am Ende dieser Reise wird Ihr Reichtum möglicherweise nicht unbedingt in Millionen von Dollar gemessen, sondern in den reichen Erfahrungen, die Sie gesammelt haben, den Menschen, die Sie inspiriert haben, und der positiven Veränderung, die Sie bewirkt haben. Es geht darum, sein Leben bewusst zu gestalten, sich ständig zu verbessern und einen Mehrwert für sich und andere zu schaffen.

Ich hoffe , das Sie Ihr Ziel erreichen, um ein besseres Leben zu führen.

Ich glaube, dass Sie eine Reise beginnen werden, die Sie über die Grenzen Ihrer Vorstellungskraft hinausführt, wenn Sie Ihre Entschlossenheit und Ihren unerschütterlichen Glauben an sich selbst bewahren.

In diesem Sinne wünschen wir Ihnen viel Glück, Ausdauer und Spaß auf Ihrer Reise. Möge Ihre Zukunft immer rosig und erfüllt sein, unabhängig von den Zahlen auf Ihrem Bankkonto. Denken Sie daran, dass der wahre Wert eines erfüllten Lebens nicht im Geldwert liegt, sondern in den Spuren, die Sie bei den Menschen und in der Welt hinterlassen.

Möge Ihre Reise ein Abenteuer Ihres Lebens sein, das Sie mit Freude erfüllt und Ihnen die Chance gibt, das Beste aus Ihnen herauszuholen. Sie werden nicht nur finanziell belohnt, sondern auch durch eine Erfahrung bereichert, die Sie als echte Bereicherung in Ihrem Leben betrachten werden.

Alles Gute auf dem Weg zur Verwirklichung Ihrer Träume und für ein erfülltes Leben. Bleiben Sie bei Ihren Zielen und Wünschen – Sie haben das Potenzial, Großes zu erreichen!

Viel Erfolg !

Ralf Thomas